EXPOSITION UNIVERSELLE DE PARIS

EN 1878

NOTICE

SUR LES

TRAVAUX PUBLICS

DE L'ALGÉRIE

ALGER

IMPRIMERIE TYPOGRAPHIQUE & LITHOGRAPHIQUE J. LAVAGNE

4, RUES BAB-AZOUN ET CLAUZEL, 4

1878

EXPOSITION UNIVERSELLE DE PARIS

EN 1878

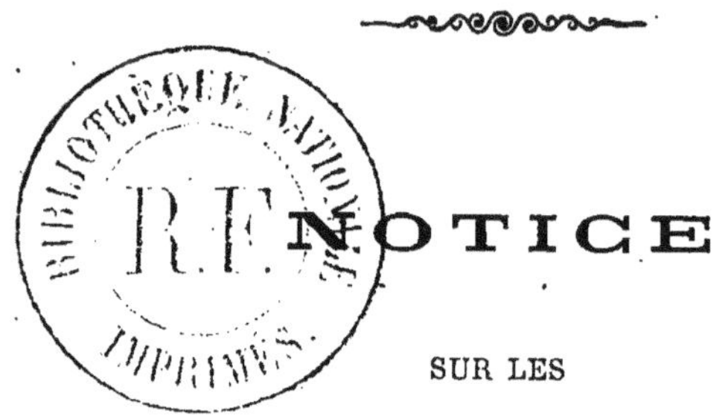

NOTICE

SUR LES

TRAVAUX PUBLICS

DE L'ALGÉRIE

ALGER

IMPRIMERIE TYPOGRAPHIQUE & LITHOGRAPHIQUE J. LAVAGNE

4, RUES BAB-AZOUN ET CLAUZEL, 4

1878

NOTICE

SUR LES

TRAVAUX PUBLICS DE L'ALGÉRIE

AVANT-PROPOS

Nous nous proposons, en groupant dans un cadre restreint quelques aperçus rapides, d'indiquer, au point de vue spécial des Travaux Publics, l'importance de la tâche qui s'est imposée aux Français quand ils ont mis le pied en Algérie, les efforts qui ont été faits, et les résultats qui ont été jusqu'ici obtenus.

Il faut remonter jusqu'à l'époque Romaine pour trouver, dans le pays dont nous avons à parler, un état de choses analogue à celui que les Français y ont créé depuis le 14 juin 1830.

L'Algérie comprend le territoire qui formait la *Numidie*, la *Mauritanie sétifienne* et la *Mauritanie césarienne*. On pourrait, dans une certaine mesure, restituer le passé de ces trois provinces d'après les documents antiques parvenus jusqu'à nous, et d'après les ruines qui de toutes parts jonchent le sol. Bornons-nous à quelques indications sommaires se rapportant particulièrement à notre sujet.

Un vaste réseau de voies de communication desservait le pays. Ce réseau se composait de deux voies principales: l'une longeant le littoral, l'autre au milieu des terres et sensiblement parallèle à la côte, et de transversales reliant entr'elles les deux voies maîtresses, et rayonnant autour des villes.

Ces routes diverses ne paraissent avoir été établies avec quelque luxe qu'aux abords des grands centres. On doit supposer en outre qu'elles étaient loin d'être pourvues de ponts sur tous les cours d'eau traversés, à en juger par le nombre considérable de rivières et de ravins sur lesquels on ne rencontre aucune trace d'ouvrage d'art aux points de passage de la voie. Rien ne permet de penser pourtant qu'elles aient été insuffisantes pour donner satisfaction aux besoins du moment.

En additionnant les longueurs partielles des étapes dans les anciens itinéraires, on reconnaît que le développement total du réseau était d'environ 7900 kilomètres dans l'étendue des trois provinces précitées.

Sur le littoral existaient des ports de distance en distance. Il est incontestable qu'ils étaient fort loin de ressembler à nos ports modernes. Il n'était pas nécessaire que l'eau y fût profonde, puisqu'on ne se servait alors que de petits navires. Les abris eux-mêmes n'étaient pas indispensables, attendu que l'on hâlait les navires à terre, dès que la mer devenait mauvaise. On imagine facilement d'après cela ce qu'étaient les ports antiques : quand ils n'étaient pas couverts par des jetées, ils étaient comparables aux débarcadères que nous avons construits sur la côte, comme nous le dirons plus loin ; quand ils étaient plus complets, ils ne correspondaient encore qu'aux ports modernes les moins importants. Le port principal des Romains, dans les parages dont nous nous occupons, était celui de *Julia Cæsarea* (CHERCHELL) : après avoir été restauré et agrandi par nous, il n'est utilisé aujourd'hui que par les barques de pêche et les balancelles de faible tonnage.

Sur le parcours des voies, tant au bord de la mer que dans l'intérieur, on rencontrait des postes militaires (*Castella*), des entrepôts (*horrea*) dans lesquels on emmagasinait les produits, et des villes plus ou moins considérables (*Municipia, Coloniæ*, etc. etc.) Le nombre des postes militaires et la trace des fortifications qui entouraient tous les centres habités, laissent croire que le pays n'était pas toujours parfaitement tranquille. Mais cela ne l'a pas empêché de se développer et de s'enrichir, comme le prouvent la multiplicité de ses villes et surtout l'importance de quelques-unes d'entr'elles.

Les grandes cités africaines mériteraient d'être étudiées en détail. Leurs vastes enceintes fortifiées, encore visibles, furent bientôt trop étroites, et la population déborda dans les banlieues, où l'on trouve à chaque pas les vestiges de villas et de fermes. En dedans des murs, de tous côtés, surgissent les restes d'édifices de premier ordre, églises, temples, thermes, théâtres, cirques etc..., et il est possible de se rendre compte de l'élégance de leurs dispositions architecturales, et du luxe de leur ornementation. Hors des murs, on suit, sur de longues distances, les magnifiques aqueducs qui amenaient de loin l'eau alimentaire. Des villes pareilles, qui ne peuvent naître et vivre que dans une contrée florissante, démontreraient la prospérité de l'Afrique romaine, s'il en était besoin, et si elle n'avait pas été signalée unanimement par les historiens d'autrefois.

Cette prospérité s'explique.

Le pays avait un sol et un climat qui se prêtaient au développement de la production. Les Romains, en ouvrant des routes et en établissant des ports appropriés aux besoins de la navigation d'alors, ont assuré les débouchés. La richesse des colonies africaines devait résulter du concours des efforts faits pour accroître les produits et pour donner les moyens d'en tirer parti. C'est ainsi que l'Afrique a pu être appelée pendant des siècles le *Grenier de Rome*, mot caractéristique qui peint et résume complètement sa situation.

Cet état de choses n'a pas survécu à la puissance Romaine.

La Numidie et les deux Mauritanies, comme le reste de l'Afrique septentrionale, furent désolées par des guerres continuelles pendant le Bas-Empire. Puis survinrent les invasions, celle des Vandales d'abord, et celle des Arabes ensuite. La guerre, l'incendie, les tremblements de terre entassèrent ruines sur ruines.

Après tant de désastres, une administration attentive et habile eût peut-être réédifié quelque chose au milieu des débris : mais le pouvoir échut aux Turcs, et tout acheva de s'anéantir sous la main de ces nouveaux dominateurs.

en Les Turcs étaient toujours les maîtres en Algérie quand nous y arrivâmes en 1830. On devine, dès lors, en quel état nous avons trouvé toutes choses.

Les voies romaines avaient complétement disparu sur le littoral et dans l'intérieur. Des sentiers frayés par les piétons, les cavaliers et les bêtes de somme, suffisaient aux indigènes, qui n'avaient aucune idée des moyens de transport perfectionnés en usage chez les peuples civilisés.

Il existait des ponts, en bien petit nombre : les uns, de construction antique, avaient duré comme par miracle; les autres, bâtis plus récemment, étaient, s'il faut en croire les traditions locales, l'œuvre de quelque rénégat ou de quelque esclave chrétien du Dey. Les uns et les autres étaient si disséminés et si rares qu'on n'avait pas même eu besoin d'affecter à chacun d'eux une désignation spéciale; on les appelait tous d'un nom unique : *el-kantara*, — le Pont.

Des ports anciens, il ne restait que d'imperceptibles vestiges. La côte, dépourvue d'abris naturels et bordée pour ainsi dire partout de falaises abruptes, n'offrait ni mouillage sûr dans son voisinage, ni facilités pour atterrir. Mais tout y était à souhait pour favoriser les naufrages et pour les rendre irrémédiables; et ses habitants qui, d'une part, ne commerçaient guère avec les étrangers, et qui, d'ailleurs, ne manquaient pas de piller les navires en détresse, n'avaient nulle raison de se plaindre de cette situation ou de chercher à l'améliorer. A Alger seulement, dans l'intérêt de la marine du Dey, on avait tenté de créer une petite darse en reliant les îles à la terre, tentative infructueuse, du reste, car on n'était pas parvenu à établir une jetée qui résistât aux moindres tempêtes de chaque hiver.

Qu'étaient devenues les villes d'autrefois? Tout avait été renversé; les matériaux antiques dispersés avaient servi à l'édification des groupes de masures infectes dans lesquelles vivait la partie de la population qui n'habitait pas sous la tente, ou dans des gourbis en broussailles.

Aucun des grands ouvrages romains n'avait été restauré, et aux édifices de luxe de la civilisation disparue avaient succédé des mosquées boîteuses, construites le plus souvent avec des débris disparates. Exceptons pourtant de cette règle, malheureusement fort générale, quelques palais de chefs et quelques édifices religieux où l'on retrouve les traces de l'art arabe de la meilleure époque, notamment à Alger, à Constantine et à Tlemcen.

Le sol lui-même semblait avoir perdu ses qualités séculaires. Voué au repos par la paresse des habitants, il était couvert de broussailles ou de jachères, qui n'étaient pas de nature à rappeler son ancienne fécondité si vantée. En outre, des marais étaient nés de toutes parts dans les plaines, et répandaient au loin la fièvre paludéenne, devant laquelle les populations reculaient sans cesse, en abandonnant chaque année un lambeau nouveau de leurs terres les plus fertiles.

Comme on le voit, tout était à faire quand nous débarquâmes à Sidi-Ferruch en 1830, tout était à créer : et ajoutons que nous arrivions dans une contrée inconnue qui, à mesure qu'on y pénétrait, se montrait à la fois dépourvue des ressources les plus élémentaires, couverte de foyers d'insalubrité menaçants, douée d'un climat redoutable, et peuplée d'une race belliqueuse dont il fallait attendre une résistance acharnée.

La tâche se présentait hérissée d'obstacles et de périls ; mais si lourde qu'elle parût, elle fut acceptée sans hésitation, et on se mit ardemment à l'œuvre.

On se borna dans les premiers jours aux installations indispensables à une armée en campagne. Puis, dès qu'on s'établit à Alger, à Oran (en 1831), à Bône (en 1832), à Bougie (en 1833), il fallut approprier les villes à nos usages, organiser des moyens d'embarquement et de débarquement pour les communications par mer, ouvrir des routes destinées à rattacher les principaux points occupés aux postes militaires qui les protégeaient, assainir les abords de ces postes, etc... Les travaux publics prirent déjà une notable importance dans cette période qu'on peut limiter aux dix premières années de la conquête. Toutefois il y a lieu de remarquer qu'il ne s'agissait point encore de conceptions d'ensemble. On avait discuté longtemps si l'on conserverait Alger, et l'idée de n'occuper que la côte en s'y établissant solidement, sans esprit d'agrandissement dans l'intérieur, était encore très-défendue. On comprend dès lors qu'il n'était question en chaque point que de donner satisfaction aux besoins locaux du moment.

Mais de 1840 à 1851 les choses changèrent de face. La cause de la colonie était décidément gagnée devant le parlement; l'Algérie était désormais une terre française; et des crédits étaient alloués pour les grands travaux les plus urgents.

Dans cette seconde période, l'horizon est plus ouvert et les visées s'étendent. Il ne suffit plus de faire en chaque point isolé ce qui peut y paraître nécessaire; il devient urgent de jeter les bases des programmes généraux qui permettront de grouper et de coordonner les efforts pour arriver à la réalisation des grandes œuvres d'intérêt public.

Dans le pays plus tranquille et mieux connu, on se hâte de faire des études dans ce sens.

En 1843 paraît le programme général des desséchements de la Mitidja. De 1840 à 1846, un inspecteur général des Ponts-et-chaussées, puis une série de commissions précisent les dispositions à admettre pour la construction des ports. En 1846, la Commission centrale des phares fixe le nombre, l'emplacement et la nature des phares de la côte d'Algérie. Les routes, enfin, à mesure qu'elles se développent, sont l'objet de classements successifs, dont les premiers datent de 1840 et 1845.

L'établissement colonial algérien était désormais conçu, sauf toutefois en ce qui concerne les chemins de fer qui ne furent projetés que dix ans plus tard.

En 1851, commence ce qu'on peut appeler la période d'exécution. On met la main à l'œuvre de toutes parts; routes, ports, phares, desséchements sont entrepris sur une grande échelle. Aux allocations budgétaires viennent bientôt s'ajouter les ressources provenant de l'emprunt fait à la Compagnie générale algérienne, et, avec l'accroissement des crédits, redouble l'activité sur tous les chantiers.

Rien n'est encore achevé aujourd'hui, mais déjà les résultats s'accusent nettement; et nous pouvons les présenter, sans trop redouter la comparaison entre ce que nous avons fait et ce qu'avaient fait les Romains nos prédécesseurs, bien que nous occupions depuis 47 ans seulement le territoire qu'ils ont administré pendant plusieurs siècles.

Nous parlerons successivement des *Travaux maritimes*, des *Routes et Ponts*, des *Chemins de fer*, et des *Desséchements et Irrigations*.

TRAVAUX MARITIMES

Nous avons dit dans quel état se trouvait la côte en 1830. Non-seulement il n'y existait ni ports fermés ni mouillages sûrs; mais l'accostage à terre était impossible presque partout, même pour les petites embarcations, à cause de l'escarpement des falaises.

Un commerce actif naquit pourtant bientôt dans la colonie, malgré cette situation éminemment défavorable : et à mesure que cette situation s'est améliorée, par suite des travaux qu'on a exécutés, le commerce a pris une extension remarquable, dont on se rendra compte en jetant les yeux sur le relevé suivant puisé dans les documents officiels :

MOUVEMENT DU COMMERCE GÉNÉRAL

Années	Importations	Exportations	Totaux
1830	5.000.000 fr.	1.500.000 fr.	6.500.000 fr.
1840	31.700.000	2.500.000	34.200.000
1851	99.400.000	16.600.000	116.000.000
1860	194.700.000	49.000.000	243.700.000
1876	213.532.396	166.530.580	380.062.976

Les chiffres qu'on vient de lire sont la meilleure preuve qu'on puisse donner de l'utilité et de l'opportunité des travaux maritimes effectués en Algérie.

L'urgence d'assurer les communications entre Alger et la Métropole ne pouvait être un instant douteuse. Aussi, est-ce au port d'Alger qu'on a songé avant tout autre. Pour Cherchell, on a été conduit à chercher à tirer parti des restes du principal établissement nautique des Romains. Les ports d'Alger et de Cherchell sont les premiers dont on se soit occupé.

Mais les travaux maritimes se sont bientôt étendus sur toute la côte.

A mesure qu'on prenait possession des villes du littoral, il fallait faire le nécessaire pour permettre d'atterrir dans leur voisinage, au moins en beau temps. Dans ce but, on construisit des installations simples, destinées à faciliter l'embarquement et le débarquement des personnes et des marchandises. Ces installations, conçues d'après des types divers pour tenir compte des circonstances locales, ont été désignées sous le nom générique de *débar-*

cadères. C'étaient, suivant les cas, des quais, des môles en maçonnerie ou des *warfs* en charpente, situés en pleine côte, aux points jugés les plus favorables.

Dans cet esprit ont été établis les débarcadères de La Calle, de Bône, de Philippeville, de Stora, de Collo, de Djidjelly, de Bougie, de Dellys, de Tipaza, de Ténès, de Mostaganem, d'Arzew, d'Oran, de Mers-el-Kebir et de Nemours.

Ces débarcadères, appelés à donner satisfaction aux premiers besoins, ont été complétés ou transformés par la suite, quand cela a été utile. Celui de Mostaganem a été notablement accrû et perfectionné. Ceux de Djidjelly, de Bougie et d'Arzew ont été couverts par des jetées, amorces des ouvrages de défense que l'on pourra construire plus tard dans ces localités pour améliorer le mouillage. A La Calle, à Bône, à Philippeville, à Ténès et à Oran, l'insuffisance des installations primitives était devenue si frappante que l'on a dû les remplacer par les ports qui sont aujourd'hui en cours d'exécution.

En résumé, en comprenant Bougie parmi les ports à cause des qualités particulières de son mouillage, on compte actuellement sur la côte, de l'Est à l'Ouest :

8 ports construits ou en construction, à La Calle, à Bône, à Philippeville, à Bougie, à Alger, à Cherchell, à Ténès et à Oran ;

9 débarcadères, à Stora, à Collo, à Djidjelly, à Dellys, à Tipaza, à Mostaganem, à Arzew, à Mers-el-Kebir et à Nemours.

Pour créer ces dix-sept établissements nautiques, il a été dépensé 89,000,000 de francs de 1830 à la fin de 1876, et on jugera de l'importance des huit principaux par les renseignements sommaires que nous allons donner sur chacun d'eux.

a Calle. — La Calle, qui était autrefois le centre dés possessions françaises sur la côte, n'est en ce moment qu'un poste pour les barques de pêche et pour les corailleurs.

Le port se compose d'un bassin naturel oblong de 3 hectares 60 centiares de superficie, ouvert à l'O.-N.-O. c'est-à-dire sous les vents régnants d'hiver. La profondeur d'eau y est trop faible pour les navires d'un tonnage moyen et pour les vapeurs. De plus, l'entrée est très-difficile, en gros temps, à cause des brisants dus à l'étroitesse de la passe et au ressaut brusque du fond.

Des quais de débarquement ont été construits en 1843-1844, et continués en 1869 et en 1874-1875. On avait songé, en outre, à couvrir la passe par une jetée ; mais l'expérience a démontré qu'il y a lieu de renoncer à améliorer l'entrée et la tenue dans le bassin par des ouvrages extérieurs qui, même en les développant et en y consacrant des sommes importantes, seraient inefficaces.

Comme, d'ailleurs, un port de refuge en ce point, près de notre frontière orientale, a été jugé utile au premier chef, au triple point de vue de la navigation, du commerce et de la guerre, une jetée destinée à créer dans l'anse de Boulifa, à l'Ouest et à 2.500 mètres de la Calle, un abri pour les bâtiments de tout échantillon, même pour les vaisseaux de la marine nationale, a été projetée en 1875, et est actuellement en cours d'exécution. On établira d'abord la jetée sur 160 à 200 mètres de longueur, sauf à la prolonger quand les besoins l'exigeront. La dépense prévue est de 600.000 francs.

Bône. — Bône, au S.-O. du golfe qui porte son nom, près des ruines d'Hippone, au débouché de la vallée de la Seybouse qui pénètre au cœur du pays, à proximité des terrains métallifères les plus riches, était indiquée par la nature pour devenir un grand établissement maritime. Grâce aux routes déjà ouvertes, au chemin de fer de Mokta-el-Hadid, et au chemin de fer de Guelma livré à l'exploitation depuis un an, l'importance commerciale de Bône est déjà considérable ; elle va s'accroître encore, à n'en pas douter, par suite de l'ouverture des chemins de fer que l'on construit actuellement de Duvivier à la frontière Tunisienne, et de Guelma au Khroubs.

L'établissement maritime de Bône, conçu d'après un projet approuvé en 1855, se compose d'un avant-port de soixante-dix hectares, couvert par deux jetées qui ont ensemble une longueur de 1,500 mètres, et d'une darse de dix hectares au sud dè l'avant-port. La profondeur d'eau est de quatre à huit mètres dans l'avant-port. Le fond est un sable vasard dans lequel les ancres ont bonne tenue. On maintient, par des dragages, la profondeur d'eau à six mètres au moins dans la darse et dans le chenal qui y conduit. La darse sera bordée de quais qui présenteront un développement total de 1,022 mètres ; ils sont déjà construits en grande partie, et la Chambre de commerce offre actuellement d'avancer à l'Etat la somme de 1,400,000 fr. nécessaire pour les achever, c'est-à-dire pour compléter l'ensemble.

Les voies du chemin de fer de la mine de Mokta-El-Hadid, et du chemin de fer de Bône à Guelma, arrivent sur les quais déjà existants.

Le mouillage est sûr dans l'avant-port, et les embarquements et les débarquements s'opèrent en tout temps bord à quai dans la darse.

Le port de Bône achevé aura coûté 8,500,000 francs.

En 1876, les importations y ont atteint le chiffre de

21,141,881 fr., et les exportations le chiffre de 25,405,714 fr., soit 46,547,595 fr. pour le commerce général.

Philippeville. — La nature n'avait rien fait pour préparer et pour faciliter l'établissement d'un port à Philippeville.

Cette ville est située au fond d'un golfe largement ouvert au nord, et la côte, dans son voisinage, est sans sinuosités et exposée à tous les vents dangereux du N.-O. au N.-E. Aussi n'a-t-on pas songé à y créer un établissement maritime, tant que l'on ne s'est préoccupé que de rechercher les points offrant les conditions nautiques les plus favorables. Mais la question s'est bientôt posée dans des termes tout différents.

Quand on fut maître de Constantine, il fallut donner un port à ce grand entrepôt des produits de la province. Or, Bône était trop loin, et on n'avait à choisir qu'entre Philippeville (ancienne *Rusicada*), dont le mouillage était proclamé mauvais, et Stora, dont la réputation, basée sur de nombreux sinistres, n'était guère meilleure.

Un courant d'affaires important s'établit alors de Constantine vers la mer; de nombreux intérêts vinrent s'asseoir, non pas à Stora, où l'espace au bord de l'eau manque absolument, mais à Philippeville, où l'on trouvait au moins le moyen de s'organiser à terre. Quand arriva le moment de prendre un parti définitif, c'est à Philippeville que l'on se décida à construire le port, faute de mieux, et sous la pression du commerce, dont les besoins étaient impérieux et n'eussent pas été satisfaits par toute autre solution.

La tâche devait être rude, on le savait; mais énergique a été l'effort pour triompher des difficultés, et on ne peut dire qu'il n'ait pas été heureux, car, malgré quelques

accidents partiels qui ont démontré la nécessité de renfor-
cer certains ouvrages pour mettre leur résistance en
rapport avec la violence exceptionnelle des attaques qu'ils
sont appelés à subir, le port, déjà en grande partie exé-
cuté, vit, rend des services considérables et en rendra plus
encore quand il sera achevé.

En 1839, la valeur totale des marchandises importées
et exportées à Philippeville était de 3.152.916 fr. En
1860, au moment où l'on dressait les projets des premiers
travaux, elle était de 29,331,766 fr. En 1876, elle a été
de 57,562,548 fr., après avoir atteint, les années précéden-
tes, qui étaient à divers égards plus favorables, des
chiffres beaucoup plus élevés, depuis que le degré d'avance-
ment des travaux offre au commerce des facilités nouvelles.

Depuis 1870, le chemin de fer d'Alger à Constantine
est en exploitation. La gare est sur le quai même.

L'établissement maritime de Philippeville se compose
d'un avant-port, à l'Est duquel se trouve une darse de
18 hectares de superficie, bordée de quais qui présenteront
un développement total de plus de 1.000 mètres. Avant-
port et darse sont couverts au Nord par une grande jetée
de 1.800 mètres de longueur, enracinée à la pointe
Skikda et courant parallèlement à la côte, et à l'Ouest par
une jetée partant du Château-Vert et se dirigeant vers
le musoir de la jetée Nord.

La profondeur d'eau est de 5 à 15 mètres dans la darse.
Le fond rocheux n'offre pas de prise aux ancres : les
navires devront s'amarrer sur des bouées dont les chaînes
seront scellées dans le rocher.

La jetée Nord, à peu près terminée, a éprouvé des
avaries en décembre 1877, pendant une tempête extraordinaire : des travaux confortatifs bien conçus éviteront
le retour de pareils accidents.

Par loi du 17 décembre 1875, la Chambre de commerce de Philippeville a été autorisée à avancer deux millions à l'Etat pour l'achèvement rapide du port, non compris le renforcement de la jetée du Nord, qui vient d'être reconnu indispensable. Le concours de la Chambre de commerce a permis d'imprimer aux travaux une remarquable activité.

Le port de Philippeville, achevé, aura coûté 16,000,000. Les dépenses faites jusqu'à la fin de 1876 montaient à 9,400,000 francs.

Bougie. — Nous avons dit qu'à Philippeville les circonstances locales étaient toutes défavorables, mais qu'on y a construit un port malgré cela, pour donner satisfaction aux impérieux besoins du commerce. A Bougie, au contraire, tout est préparé par la nature pour la création d'un grand établissement nautique; mais l'on y fait peu d'affaires, et, par suite, on a différé les principaux travaux qu'il faudrait exécuter pour tirer parti des excellentes dispositions du mouillage.

On s'est borné à construire sur 275 mètres de longueur une jetée enracinée à la pointe Abd-el-Kader et couvrant l'espace qui, plus tard, formera la darse du commerce. Au fond de cette darse se trouve le débarcadère. On a obtenu ainsi de faciliter l'accostage à terre et d'offrir un refuge provisoire aux bâtiments de moyen tonnage. Cela suffit aux besoins pour le moment, besoins limités, puisqu'en 1876 le commerce de Bougie ne représentait que 2,856,642 fr. d'exportations et 1,487,448 fr. d'importations.

On aurait tort, toutefois, de se baser sur ces chiffres pour présager ce que deviendra cette ville. En effet, le massif montagneux de la Grande-Kabylie renferme d'immenses richesses minérales; et l'importance du port de Bougie sera considérable quand les minerais pourront y être livrés, sans être grevés de frais de transport trop onéreux. Au cas même où ce trafic spécial ferait défaut, il n'est guère permis de douter que ce port ne soit un jour le grand arsenal maritime de la colonie, à cause de ses qualités nautiques, et à cause des conditions exceptionnelles dans lesquelles on peut y assurer la défense militaire.

Ces deux hypothèses sont grosses d'espérances pour l'avenir. L'antique *Saldæ* était florissante ; la ville berbère qui lui a succédé a eu elle-même sa période de splendeur il y a quelques siècles : Bougie verra renaître ces jours de prospérité.

Que l'on se borne à perfectionner seulement le port marchand en complétant son enceinte et en le bordant de quais accostables, ou qu'on y annexe de vastes établissements militaires, les ouvrages déjà exécutés ont été conçus de telle sorte qu'ils se souderont aisément aux grands ouvrages futurs.

Les dépenses, faites jusqu'ici en travaux maritimes à Bougie, s'élèvent à la somme de 700,000 francs.

Alger. — Alger, bâtie sur les ruines d'*Icosium*, était sous la domination turque, et est restée depuis 1830 la capitale du pays. Les Turcs y avaient créé une petite darse en reliant à la terre l'îlot de la Marine. Cette darse, insuffisante comme étendue (deux à trois hectares), mal défendue contre la mer, par des fonds qui ne permettaient pas d'y remiser des navires de moyenne importance, fut d'abord consolidée et perfectionnée par nous ; mais à mesure que les besoins se sont accrûs, il a fallu donner à ce premier établissement des développements considérables.

Le port actuel d'Alger est formé par deux jetées partant l'une de l'îlot de la Marine et l'autre du fort Bab-Azoun, présentant une longueur de 2,000 mètres, et laissant entre elles une passe de 350 mètres, qui, déjà couverte par la pointe de la jetée Nord, sera mieux abritée encore quand le prolongement de cette jetée sera continué jusqu'à 100 mètres au-delà de son extrémité actuelle. Le bassin compris entre les jetées a 90 hectares de superficie, par des profondeurs d'eau variant de 5 à 20 mètres. Il peut contenir vingt vaisseaux, vingt frégates et trois cents navires marchands. Le fond est bon.

Deux formes de radoub, dont l'une peut recevoir les plus gros bâtiments cuirassés de la marine nationale, ont été établies au sud du port, au milieu de vastes terre-pleins.

Les quais, construits sur 1,220 mètres, seront continués jusqu'aux terre-pleins des formes ; leur développement total sera de 1,600 mètres. Ils sont bordés d'immenses magasins installés sous les voûtes qui portent la chaussée du boulevard de la République.

La gare du chemin de fer d'Alger à Oran est sur le port même.

Il a été dépensé jusqu'à la fin de 1876, pour la création du port d'Alger, une somme de........ 50.250.000 fr.

Pour achever les quais et les jetées,
c'est-à-dire pour terminer le gros œuvre,
il faut prévoir une dépense de......... 1.700.000

Ce qui portera la dépense totale à... 51.950.000 fr.

La Chambre de commerce a offert d'avancer à l'Etat les 1,700,000 francs nécessaires pour achever les jetées et les quais.

L'importance commerciale d'Alger ressort des chiffres suivants : En 1876, la valeur des exportations était de 45,000,436 fr., et celle des importations de 72,344,056 fr., soit ensemble 117,344,492 francs.

Cherchell. — Les Romains avaient à Cherchell (*Julia Cæsarea*) un de leurs principaux ports. Mais les conditions de la navigation ont tellement changé depuis l'antiquité jusqu'à nos jours, que le port ancien rétabli, agrandi et amélioré par nous, ne constitue qu'un établissement moderne d'ordre tout à fait secondaire, utile pour la pêche et pour le petit cabotage, sans intérêt sérieux pour la grande navigation.

Le port de Cherchell se compose d'une darse de deux hectares. La profondeur d'eau varie entre 3 m. 50 et 5 m. Les quais ont un développement total de 600 mètres et une surface de 1 hectare 20 ares. L'entrée de la darse est couverte au Nord par la jetée Joinville, à l'Est par les restes d'une ancienne jetée romaine. La jetée Joinville et l'ancienne jetée romaine forment en avant de la darse un avant-port de 4 hectares, par des profondeurs d'eau de 4 à 7 mètres.

Les travaux exécutés de 1847 à 1858 ont coûté 2,400,000 francs.

Ténès. — Ténès, par sa situation géographique, est indiqué comme point d'embarquement des produits d'une grande partie de la vallée du Chéliff, et comme refuge entre Alger et Arzew. A ce double titre, un port y fut projeté dès 1844 par les commissions mixtes et nautiques.

Ce projet a reçu un commencement d'exécution en 1868, mais les travaux ont été interrompus en 1872. Une commission nautique nouvelle, appelée à examiner en 1877 si la construction de ce port devait être continuée d'après les dispositions autrefois admises, ou s'il était préférable d'adopter des dispositions différentes, a proposé de poursuivre la réalisation du projet ancien sans modifications essentielles.

Il est à croire que les travaux seront repris prochainement, et leur achèvement, à court délai, est motivé par le développement et la richesse des exploitations minières du voisinage, et par les avantages, chaque jour plus appréciés, qu'on retirera de l'établissement d'un chemin de fer entre Orléansville et la mer.

Le port se compose de trois jetées formant enceinte et laissant au nord une grande ouverture libre qui sera couverte par un brise-lame isolé. Deux passes, à l'Est et à l'Ouest, permettront l'entrée en tous temps. La surface du bassin sera de 26 hectares environ, par des profondeurs variant de 4 à 12 mètres.

Parties des trois jetées sont déjà exécutées. Les dépenses faites jusqu'ici montent à 2,800,000 francs.

L'achèvement des jetées et la construction du brise-lame coûteront 3,500,000 francs.

Oran. — Dans le golfe d'Oran, compris entre le cap Falcon, à l'Ouest, et le cap Ivi, à l'Est, les positions qui se présentaient dans les conditions les plus favorables, au point de vue nautique, pour y créer des établissements, étaient Mers-el-Kebir et Arzew. Mais, après qu'on eût installé les premiers ouvrages destinés à faciliter l'embarquement et le débarquement des marchandises dans le voisinage des principaux points occupés sur le bord du golfe, c'est-à-dire à Mers-el-Kebir, à Oran, à Arzew et à Mostaganem, le commerce prit à Oran un essor si rapide, que l'on fut conduit à projeter un port près de cette ville plutôt qu'ailleurs, afin de donner aux besoins qui s'accusaient la satisfaction la plus complète.

Un bassin de 4 hectares avait d'abord été commencé; mais on reconnut en cours d'exécution qu'il serait insuffisant, et on proposa des dispositions nouvelles à la réalisation desquelles on travaille depuis 1860.

Le port d'Oran est formé par une grande jetée du large, dirigée de l'Ouest à l'Est, et couvrant une passe d'entrée de 100 mètres de largeur ouverte à l'Est. Le bassin aura 27 hectares de superficie. Les quais auront un développement de 1,640 mètres.

Les travaux sont très-avancés. Les voies du chemin de fer d'Alger à Oran sont prolongées sur les quais.

Les dépenses faites jusqu'à la fin de 1877 montent à 12,800,000 francs.

Les travaux à exécuter sont évalués à 3,200,000 fr. La Chambre de commerce offre d'avancer cette somme à l'Etat.

En 1876, la valeur des exportations a été, à Oran, de 47,986,042 fr.; et celle des importations de 80,483,339 fr.; soit, ensemble, 128,469,381 francs.

Le programme général de l'éclairage de la côte algérienne a été adopté en 1846 par la Commission centrale des Phares, et, depuis lors, il a été appliqué avec quelques modifications insignifiantes. Quand le phare des îles Habibas, actuellement en cours d'exécution, sera achevé, il ne restera plus que celui du cap Bengut, près Dellys, à construire pour compléter l'ensemble. Alors, depuis la frontière du Maroc jusqu'à celle de Tunis, les feux se croiseront deux à deux.

On a établi sur la côte :

6 phares de premier ordre aux caps Falcon, Ivi, Ténez, Caxine, Carbon, Bougaroni;

2 phares de second ordre à Raschgoun et au cap Afia;

2 phares de troisième ordre à Cherchell et au cap de Fer;

2 phares de quatrième ordre au cap de Garde et à Arzew;

31 phares de cinquième ordre.

Les appareils sont ceux en usage en France.

Cet ensemble, complété comme il a été dit ci-dessus, suffira pendant longtemps aux besoins.

Les dépenses faites montent à 2,780,000 francs.

L'entretien des feux exige annuellement une dépense de 170,000 francs.

ROUTES ET PONTS

En 1840, les routes de l'Algérie furent classées pour la première fois; on les rangea en trois catégories, savoir :

La première comprenait les routes qui avaient une grande importance politique et militaire, et dont les travaux devaient être soldés sur les fonds du budget des travaux civils extraordinaires;

La deuxième comprenait les routes d'intérêt général, dont les dépenses devaient être imputées sur le chapitre des travaux civils ordinaires;

La troisième comprenait les routes d'intérêt secondaire, à la charge du budget colonial.

Ces indications n'étaient pas très-précises et ce classement s'écartait beaucoup des errements suivis en France. Cinq ans plus tard, il fut remplacé par une nouvelle classification plus nette, qui parut dans l'ordonnance de réorganisation du régime financier de la colonie du 17 janvier 1845. D'après cette nouvelle classification, qui se rapprochait de celle admise alors dans la Métropole, étaient désignées sous le nom de :

1° *Routes royales*, celles qui allaient du littoral à l'intérieur ou d'une province à une autre ;

2° *Routes stratégiques*, celles qui desservaient surtout des intérêts militaires ;

3° *Routes provinciales*, celles qui reliaient entre elles deux routes royales dans l'intérieur d'une même province ;

4° *Routes d'arrondissement*, celles qui mettaient en communication deux routes provinciales dans l'intérieur d'un arrondissement.

Ces diverses catégories de routes étaient bien caractérisées. Mais il arrivait souvent que, par suite des travaux exécutés au jour le jour sur chaque point, selon les besoins, une même classe renfermait sous des noms différents plusieurs tronçons isolés qui devaient plus tard être réunis pour composer une grande voie unique. Ajoutons que, au moment où les routes étaient encore peu développées, on pouvait aisément se tromper sur le rang auquel serait appelée dans l'avenir une voie qui n'était qu'amorcée sur un faible parcours. Le classement de 1845 dont les imperfections, sous ce double rapport, devinrent frappantes, fut remanié en 1834 en ce qui concerne les *routes impériales* (anciennement *royales*), en 1865 pour les routes *provinciales*, et postérieurement pour les *chemins de grande communication* (anciennement *routes stratégiques* et *d'arrondissement*).

Depuis lors, on n'a modifié que les noms génériques : les routes *impériales* sont devenues les routes *nationales*, et les routes *provinciales* sont devenues les routes *départementales*. Sauf ces changements, et l'addition récente d'une nouvelle route départementale, les classements dont je viens de parler en dernier lieu sont toujours en vigueur.

Le réseau actuel de la grande voirie a pour base les cinq routes nationales suivantes :

Route nationale n° 1, d'Alger à Laghouat, par Blidah et Médéah ;

Route nationale n°. 2, de Mers-el-Kebir à Tlemcen, par Oran, Misserghin et Aïn-Temouchent ;

Route nationale n° 3, de Stora à Biskra, par Philippe-ville, Constantine et Batna ;

Route nationale n° 4, d'Alger à Oran, par la Chiffa, Bourkika, Orléansville, Relizane, Mostaganem et Arzew ;

Route nationale n° 5, d'Alger à Constantine, par Maison-Carrée, Ben-Hini, Beni-Mansour, Bordj-bou-Arréridj et Sétif.

De ces cinq routes, les trois premières partent de la mer et se dirigent vers le Sud, normalement à la côte, en passant par les chefs-lieux des trois départements ; les deux autres, tracées entre la capitale de la Colonie et les chefs-lieux des départements de l'est et de l'ouest, relient entre elles les trois provinces.

Ces cinq routes nationales découpent dans le territoire de grands compartiments dans lesquels trouvent place vingt *routes départementales*, quarante-quatre *chemins vicinaux de grande communication* et vingt-trois autres *chemins* rattachés à la grande voirie sans classement régulier.

Le développement total du réseau de grande voirie, ainsi constitué, est de 7,267 kilomètres, qui se répartissent comme suit :

Routes nationales..........................	1.770ᵏ 30
Routes départementales....................	1.590 70
Chemins vicinaux de grande communication	2.753.70
Chemins divers non classés...............	1.152 30
Total...................	7.267 00

La longueur de la route nationale n° 1 est de   451$_k$ 60
—   route nationale n° 2 —   140 70
—   route nationale n° 3 —   332 50
—   route nationale n° 4 —   410 20
—   route nationale n° 5 —   435 30

               Total................ 1.770 30

Les routes départementales, les chemins de grande communication et les chemins non classés se distribuent comme suit par département :

	ORAN	ALGER	CONSTANTINE
Longueur des routes départementales..	211^{k}5	785^{k}2	594^{k}0
— des chemins de gr. comm...	825 0	593 5	1.335 2
— des chemins non classés	576 5	479 3	96 5
Totaux............	1.613 0	1.858 0	2.025 7

Si, au développement total des routes et chemins, qui est de 7,267 kilomètres, on ajoute les 1,334^k de chemins de fer qui sont exploités ou en construction dans la Colonie, on voit que la longueur totale de nos voies de communication principales atteint 8,500 kilomètres, et qu'elle dépasse par conséquent de 900 kilomètres la longueur des voies romaines dénommées dans les anciens itinéraires.

On peut dire que, dans toute l'étendue du réseau de grande voirie, la viabilité est assurée de manière à donner satisfaction, dans une certaine limite, aux besoins du moment; il reste toutefois des travaux à exécuter pour perfectionner ou pour achever plusieurs des voies qui y sont comprises.

Les routes nationales n°s 2, 4 et 5 sont à l'état d'entretien sur tout leur parcours; mais les sections des routes nationales n°s 1 et 3, vers Biskra et vers Laghouat, ne sont pas terminées : hâtons-nous d'ajouter que ces sections, sur lesquelles on peut circuler du reste, sont de beaucoup les moins importantes.

Onze routes départementales sur vingt sont absolument finies, mais il existe quelques courtes lacunes en divers points sur les neuf autres. Sur les chemins, les travaux d'achèvement sont plus considérables.

Pour compléter l'œuvre, il y a encore bien des efforts à faire, et on doit les diriger avec soin afin que les ressources dont on dispose soient employées le plus utilement possible et avec toute l'opportunité désirable.

Dans ce but, il a paru bon de procéder à un nouveau classement des routes nationales plus étendu que le classement actuel ; des propositions dans ce sens ont été formulées par l'administration et sont actuellement soumises au pouvoir central. L'extension des routes nationales permettra d'affecter les allocations budgétaires à des travaux d'une urgence reconnue, et en même temps elle allégera les charges des départements, qui pourront ainsi activer le perfectionnement des voies secondaires restant entre leurs mains.

Sans insister sur les améliorations dont le classement projeté sera le point de départ, revenons à la situation présente et donnons quelques détails techniques sur les routes algériennes et sur les ouvrages d'art principaux qu'on y rencontre.

Les routes ont en général 8^{m}00 en couronne.

Leurs chaussées en empierrement ont de 3^{m}00 à 5^{m}00 de largeur.

Leurs déclivités ne dépassent le maximum de 0^{m}05 par mètre que sur de faibles parcours et dans des cas exceptionnels.

Les tracés, qui datent du temps de la conquête et qui ont été piquetés souvent sous le feu de l'ennemi, présentent, comme c'est naturel, des défectuosités qu'on fait disparaître peu à peu ; mais ceux qu'on a pu préparer et étudier pendant la paix sont généralement satisfaisants.

L'orographie et la constitution géologique du pays sont telles que les Ingénieurs ont vu se poser devant eux les problèmes les plus variés de l'art du constructeur, dès qu'ils ont eu à projeter une route sur un parcours étendu. Ils ont eu à triompher à la fois des obstacles dus au relief du sol, aux formes et aux dimensions des gorges dans les montagnes, à l'instabilité des lits des rivières dans les plaines, et des difficultés non moins graves résultant de la mauvaise qualité des terrains.

Sur bien des points, l'importance des travaux exécutés frappe vivement tous ceux qui visitent l'Algérie ; citons le trajet de la route nationale n° 5 dans l'Isser et aux Bibans *(Portes de Fer)* ; celui de la route départementale de Bougie à Sétif dans l'Oued-Agrioun et au Chabet-el-Akra; l'arrivée à Ténès de la route départementale d'Orléansville à la mer, dans l'Oued-Allalah, etc., etc.

Dans nombre d'autres cas, l'effort est moins apparent, mais n'a pas été moins considérable, et le succès obtenu, qui saute moins aux yeux, mériterait d'être signalé.

La main-d'œuvre employée ordinairement pour les terrassements et pour les empierrements des routes est celle des ouvriers du pays, européens et indigènes, concurremment avec celle des candamnés militaires. Tous les ouvriers d'art sont européens. Les salaires sont sensiblement plus élevés qu'en France.

L'ouverture des routes, y compris la chaussée et les ouvrages d'art ordinaires, coûte en moyenne 28 fr. par mètre courant. Ce chiffre a été beaucoup dépassé pour certains points difficiles et onéreux, notamment sur la route départementale de Bougie à Sétif, et sur les routes N^les n°s 1 et 5.

L'entretien se fait avec des cantonniers organisés comme dans le service métropolitain des Ponts-et-Chaussées.

Les matériaux d'empierrement sont de qualité souvent médiocre ; ils sont en outre fort rares sur une grande partie du territoire. De plus, la courte durée de la saison des pluies impose pour la mise en œuvre de la pierraille, des sujétions spéciales, et l'action constante du soleil pendant la longue sécheresse de chaque année est une cause puissante de désagrégation pour les chaussées. Toutes ces circonstances défavorables, jointes à l'élévation des salaires, expliquent pourquoi l'entretien des routes algériennes est cher, même quand la circulation n'y est pas très-active. Le coût moyen de l'entretien est de 1 fr. 50 à 2 fr. par mètre courant pour les routes nationales ; il est beaucoup moindre pour les voies secondaires.

Nos rivières sont toutes torrentielles. Elles reçoivent en hiver d'énormes masses d'eau, qu'elles débitent rapidement à plein lit, et elles sont presque à sec en été. Dans ces conditions, les passages à gué seraient faciles pendant une grande partie de l'année. Mais il faudrait défendre les rampes d'accès et les gués contre les crues soudaines et violentes qui se produisent pendant la saison pluvieuse ; or, les travaux à faire pour cela coûteraient presque autant que des ponts ; et les gués, si bien défendus qu'ils fussent, n'en seraient pas moins infranchissables en hiver, car avant même que l'eau atteigne une hauteur notable, on ne brave pas sans péril l'impétuosité du courant des torrents en crue.

Pour ces motifs, on a pris le parti de pourvoir de ponts les voies assez importantes pour qu'on ait intérêt à y éviter toute interruption de la circulation.

A l'origine, l'absence d'ouvriers d'art expérimentés était un obstacle à l'établissement des grands ponts sur les routes. De plus, les ressources budgétaires étaient si restreintes et les besoins si nombreux, qu'il fallait viser à l'économie, dût-on se contenter d'installations provisoires. On se résigna donc à construire d'abord des ponts en charpente. Mais les bois ne résistent pas au climat d'Algérie, et ces premiers ouvrages ont dû être bientôt remplacés : comme on avait alors les ouvriers et les ressources nécessaires, on a construit, à leur place, des ponts en maçonnerie et en métal, dans les meilleures conditions de stabilité et de durée.

Les ponts des routes nationales sont tous bâtis. Il en manque un petit nombre sur les routes départementales et sur les chemins de grande communication, aux passages les moins importants.

Parmi les principaux ouvrages exécutés, on peut citer les suivants :

1° Sur la route nationale n° 1 :

Les ponts de la Chiffa (quatre arches de 50^m de portée), des oueds El-Kebir, Merdja, Mouzaïa et El-Hacoun, de 32 à 35^m de débouché ;

2° Sur la route nationale n° 2 :

Le pont de Rio-Salado, qui a coûté 192,000 francs, et celui de l'Isser, qui a coûté 148,000 francs ;

3° Sur la route nationale n° 3 :

Les trois ponts du Rummel, notamment le pont d'El-Kantara, à l'entrée de Constantine ; ce pont, construit sur le profond ravin de l'Oued, mérite d'être signalé parmi les ouvrages les plus hardis et les plus beaux ; il a coûté 847,000 francs ;

4° Sur la route nationale n° 4 :

Les ponts sur le Bou-Roumi, sur l'oued Djer, sur l'oued

El-Hammam, sur l'oued Rouina et sur l'oued Fodda, dont l'ouverture varie de 45 à 55^m; les ponts analogues sur le Riou, la Mina, la Makta et la Djidiouia; enfin, le pont du Chéliff, qui est le premier grand pont en maçonnerie construit en Algérie;

5° Sur la route nationale n° 5 :

Les grands ponts en métal sur le Hamiz (deux travées de 50^m), sur le Boudouaou, le Corso et l'Isser (une travée de 50^m pour chacun);

6° Sur les routes départementales et sur les chemins :

Les ponts sur la Seybouse et sur la Bou-Namoussa (travées de 50^m), près de Bône; sur la Summam, près de Bougie (deux travées de 60^m chacune); sur les oueds traversés par les routes de Bougie à Sétif et de Bougie à Beni-Mansour; les deux ponts du Mazafran, qui se composent l'un de quatre arches en maçonnerie de 17^m et l'autre d'une travée métallique de 74^m de portée; les ponts sur le Chéliff, à Orléansville, pour le passage de la route d'Orléansville à Ténez, et à Inkermann, pour le passage du chemin d'Inkermann à Renault, etc., etc.

Cette liste est incomplète : mais notre but n'est pas de donner la statistique exacte des routes et de leurs ouvrages d'art. Nous avons cherché seulement à caractériser la situation actuelle des voies de communication d'Algérie, dont nous avons donné ci-dessus le classement et le développement kilométrique, en faisant connaître dans quelles conditions générales elles ont été établies en ce qui touche le tracé, la chaussée et les ouvrages d'art, et, à ce point de vue spécial, nous espérons que les renseignements qui précèdent suffiront.

CHEMINS DE FER

Le programme des chemins de fer a été fixé comme suit par décret impérial du 8 avril 1857, rendu sur la proposition du maréchal Vaillant.

Le réseau devait se composer :

1° D'une ligne parallèle à la mer, suivant à l'est le parcours entre Alger et Constantine en passant par ou près Aumale et Sétif ; à l'ouest, le parcours entre Alger et Oran, en passant par ou près Blidah, Amourah, Orléansville, Saint-Denis-du-Sig et Sainte-Barbe-du-Tlélat ;

2° De lignes partant des principaux ports et aboutissant à la ligne parallèle à la mer, savoir : A l'est de Philippeville ou Stora à Constantine, de Bougie à Sétif, de Bône à Constantine en passant par Guelma ; à l'ouest de Ténès à Orléansville, d'Arzew et Mostaganem à Relizane, et d'Oran à Tlemcen, en passant par Sainte-Barbe et Sidi-bel-Abbès.

Parmi les lignes sus-indiquées, ont déjà été exécutées :
1° Celle d'Alger à Oran ouverte en 1871 ;
2° Celle de Philippeville à Constantine ouverte en 1870 ;
3° Celle de Bône à Guelma ouverte en 1877 ;
4° Celle de Sainte-Barbe-du-Tlélat à Sidi-bel-Abbès ouverte en 1877.

Les lignes suivantes, comprises également dans le programme, sont en cours d'exécution, savoir : celles de Sétif à Constantine et de la Maison-Carrée à Ménerville, destinées à être toutes deux incorporées au chemin de fer d'Alger à Constantine ; celle de Guelma au Kroubs, complétant la communication entre Bône et Constantine par

Guelma; enfin celle d'Arzew à Saïda, coupant à Perrégaux la grande artère d'Alger à Oran.

Pour clore la liste des chemins de fer exploités ou en construction en Algérie, il ne nous reste plus à citer que celui de Bône à Aïn-Mokrha ouvert en 1862, servant surtout au transport des minerais de Mokta-el-Hadid au port d'embarquement, et celui de Duvivier à la frontière tunisienne par Soukahras, que l'on construit en ce moment et qui prolonge jusqu'à la limite orientale de la colonie la grande ligne centrale parallèle à la mer.

Ces divers chemins de fer sont concédés à six compagnies, et ils ont un développement total de 1334 kilom. qui se répartit comme suit :

COMPAGNIE DE PARIS A LYON ET A LA MÉDITERRANÉE :

	En exploitation	En construction
D'Alger à Oran.	426 k	»
De Philippeville à Constantine.........	87	»

COMPAGNIE DE BÔNE-GUELMA ET PROLONGEMENTS :

	En exploitation	En construction
De Bône à Guelma	90 k	»
De Guelma au Kroubs	»	116 k
De Duvivier à la frontière tunisienne...	»	122

COMPAGNIE DE L'EST ALGÉRIEN :

	En exploitation	En construction
De Constantine à Sétif........... ·.....	»	155 k
De Maison-Carrée à Ménerville	»	42

COMPAGNIE DE L'OUEST ALGÉRIEN :

	En exploitation	En construction
Du Tlélat à Sidi-bel-Abbès.	52 k	»

COMPAGNIE FRANCO-ALGÉRIENNE :

	En exploitation	En construction
D'Arzew à Saïda	»	212 k

COMPAGNIE DE MOKTA-EL-HADID :

	En exploitation	En construction
De Bône à Aïn-Mokrha..............	32 k	»
Totaux	687 k	647 k

Longueur totale............. 1.334 k

Le territoire directement intéressé à la construction des chemins de fer algériens renferme 2,600,000 habitants. Le parcours total actuel de 1,334 kilomètres répond à 0^{m}51 de chemin de fer par habitant, soit un peu plus de la moitié de la proportion à laquelle on est arrivé en France. Cette infériorité ne s'explique que par le temps si court qui s'est écoulé depuis la pacification du pays, et tout autorise à prévoir d'importants progrès dans un prochain avenir.

Il est à remarquer que vu les éléments dont se compose la population de la colonie, on peut considérer l'accroissement des chemins de fer comme attendu ici plus impatiemment peut-être que partout ailleurs; colons européens, israélites et musulmans savent user largement des voies de communication perfectionnées et en tirent parti avec ardeur, partout où elles sont mises à leur portée. Ajoutons qu'il est difficile de trouver une contrée où l'on ait reconnu tant de richesses naturelles : — le Tell, qui est généralement d'une fertilité extraordinaire, recèle en outre des masses énormes de minerais divers; même en dehors du Tell, dans le Sud, la zone des hauts plateaux produit en abondance les bois, et l'alfa si demandé déjà sur le marché européen, outre qu'elle nourrit d'immenses troupeaux. En pareilles circonstances, il est indubitable que l'agriculture, l'industrie et le commerce prendront un rapide et remarquable essor, dès que des moyens de transports rapides et économiques jusqu'à la mer seront assurés.

Le développement des chemins de fer qui fourniront ces moyens de transport est donc urgent.

L'administration l'a compris; elle a songé à compléter et à étendre le programme de 1857, et des propositions pour le classement des chemins à construire ont été attentivement élaborées et vont être soumises aux Chambres.

L'Algérie attend avec confiance les résolutions du Parlement, et elle espère que dans la répartition des ressources qui vont être affectées à l'établissement de nouvelles voies ferrées, elle sera dotée en proportion de ses besoins.

C'est à l'ouverture des chemins d'intérêt général que seront consacrés les fonds de l'Etat. Les départements et l'industrie privée pourvoiront à l'exécution des chemins secondaires.

Nos départements algériens ne sont pas riches; il est certain pourtant que leur participation sera effective. En effet, parmi les lignes exploitées ou en voie de construction, énumérées plus haut, celles de Bône à Guelma, de Maison-Carrée à Ménerville, et de Tlélat à Sidi-bel-Abbès ont été concédées avec garantie d'intérêt par les départements de Constantine, d'Alger et d'Oran. La reprise par l'Etat du chemin de Bône à Guelma, pour l'incorporer dans le réseau d'intérêt général, a été sanctionnée par la loi du 26 mars 1877. Pareille mesure sera sans doute appliquée aux chemins de Maison-Carrée à Ménerville et de Tlélat à Bel-Abbès. Nos départements pourront donc subventionner immédiatement des lignes nouvelles avant même d'avoir à se préoccuper de trouver des ressources en dehors de celles qui vont être disponibles.

En ce qui concerne le concours de l'industrie privée, la situation est encore plus favorable. L'établissement du chemin de Bône à Aïn-Morkha aux frais de la compagnie de Mokta-el-Hadid, et surtout la construction de la ligne de 212 kilom. d'Arzew à Saïda, sans que l'Etat y participe autrement qu'en concédant à la compagnie Franco-Algérienne le droit exclusif d'exploiter l'alfa sur une partie déterminée des hauts plateaux, démontrent la vitalité des entreprises particulières en Algérie.

Ce ne sont pas les seuls exemples de ce genre qu'on puisse citer ; mais n'en rappelons qu'un autre, celui de la compagnie minière de la Tafna, qui construit à ses frais, en ce moment, un port de 4 millions sur la côte, à Beni-Saf, et un réseau de voies ferrées pour l'exploitation des gisements ferrifères du voisinage. Quand on peut alléguer de pareils faits, quand on sait, d'ailleurs, combien de richesses minérales sont déjà connues, qui seront exploitables dès que l'on ouvrira des voies ferrées passant à leur portée, quand on remarque enfin que le territoire à alfa offre la possibilité de multiplier les concessions analogues à celle de la compagnie Franco-Algérienne, et que plusieurs d'entre elles ont déjà été demandées à charge de construire les chemins de fer qui doivent les desservir, n'est-on pas en droit de dire qu'en Algérie, plus peut-être que partout ailleurs, on peut compter sur l'industrie privée pour compléter à court délai le réseau de railways dont l'Etat et les départements vont tracer les grandes mailles.

Bien que le programme primitif dont nous avons parlé date d'avril 1857, ce n'est guère qu'en 1860 que l'on a mis la main à l'œuvre pour l'exécution. Les 1334 kilom. de chemins de fer en exploitation ou en construction représentent donc une moyennne de 88 kilom. par an. Ce résultat déjà acquis mérite d'être signalé pour lui-même, et aussi pour en tirer l'aperçu suivant :

Comme les moyens d'action s'accroîtront à mesure que les lignes se développeront, il ne paraît pas inadmissible que le réseau soit doublé dans quinze ans, ce qui correspondrait à la situation générale que voici : la grande artère centrale terminée de la frontière de Tunisie à celle du Maroc, c'est-à-dire la sécurité assurée partout ; les ports de Bône, de Philippeville, de Bougie, d'Alger, de Ténès, d'Arzew et de Beni-Saf reliés à cette grande artère, c'est-à-dire les débouchés vers les grands marchés ouverts pour tous les produits, et 450 à 500 kilom. d'embranchements départementaux et industriels rattachant les chemins d'intérêt général aux mines, aux forêts et aux plâteaux producteurs de grains ou d'alfa, c'est-à-dire toutes les richesses naturelles d'Algérie rendues exploitables.

Ce qui a été fait jusqu'ici montre que la réalisation de cet ensemble est praticable, et nul ne doutera de la prospérité dont jouirait l'Algérie si cet ensemble était réalisé.

DESSÉCHEMENTS ET IRRIGATIONS

L'administration turque et les populations indigènes, rivalisant d'insouciance, avaient laissé naître et se développer, dans les plus riches plaines, de vastes marais dont le voisinage était devenu mortel. Dès que les nécessités de la conquête nous ont amenés à faire séjourner des soldats dans des postes avancés, à portée de ces foyers d'exhalaisons délétères, l'urgence des desséchements s'est imposée. Il a fallu étendre et perfectionner l'œuvre d'assainissement quand les colons sont venus prendre possession des terres, sous la protection de l'armée.

La ceinture de marais qui, de la Maison-Carrée jusqu'au Mazafran, entourait le Sahel d'Alger, a été rompue par un ensemble de travaux qui ont rendu la Mitidja non-seulement habitable, mais florissante. Le visiteur, qui trouve aujourd'hui la petite ville moderne de Boufarik si gaie et si prospère, ne devine plus qu'il y a une trentaine d'années, tous ceux qui tentaient d'y vivre tombaient sous les atteintes inévitables de la fièvre.

Plus à l'Ouest, le lac Halloula qui semait la mort autour de lui, à dix lieues à la ronde, est aujourd'hui bordé partout et déjà couvert en grande partie de moissons.

Bône, l'une de nos villes les plus riantes et les plus riches, a vu s'éloigner d'elle la funeste influence paludéenne, et sa situation va s'améliorer encore, car aux travaux déjà exécutés va s'ajouter le desséchement du lac Fetzara, dont le voisinage était pour elle une menace.

Sur bien d'autres points, il a été nécessaire d'agir, et d'agir énergiquement pour combattre efficacement les mêmes dangers.

Le tableau ci-après renferme la liste des principaux travaux de desséchement exécutés dans les trois départements et l'aperçu des dépenses faites :

Désignation des travaux	Aperçu des dépenses faites	
Département d'Alger		
Abords de la Maison-Carrée	190.500^{fr.} »	
Marais de la Rassauta	141.850 »	
— de Rouïba	62.055 »	
— de l'Oued-Djemmâa	269.747 61	
— de l'Oued-Terro	80.000 »	3.578.452^f 61
— de l'Oued-Kerma	175.000 »	
— entre le Bou-Chemla et la Chiffa	1.840.700 »	
Lac Halloula	428.000 »	
Desséchements divers	390.600 »	
Département de Constantine		
Environs de Bône (travaux anciens)	614.475 »	
Plaine des Beni-Urgine	101.513 15	
Lac Feïd-el-Maïs	60.000 »	1.539.538 15
De Philippeville à Const. (trav. anc^{ns})	496.350 »	
Environs de Bougie	47.200 »	
Desséchements divers	220.000 »	
Département d'Oran		
Lac des Gharabas	310.000 »	
Marais de Brédéah	25.000 »	395.000 »
Desséchements divers	60.000 »	
	TOTAL GÉNÉRAL...	5.512.990 76

Il reste encore beaucoup à faire, malgré tout ce qui a été fait. Il reste notamment à assurer la conservation des ouvrages existants. Mais après les lourds sacrifices supportés par l'État, qui a seul entrepris jusqu'ici de lutter dans l'intérêt de tous contre l'ennemi commun, le moment est venu d'appeler la population à concourir à l'œuvre. Dans ce but, plusieurs syndicats ont déjà été formés, et plusieurs autres sont en voie de formation. Cette phase nouvelle de la question des desséchements en Algérie est la meilleure preuve des importants résultats déjà obtenus, puisqu'elle démontre la présence, sur des parties du territoire réputées naguère encore inhabitables, d'une population assez dense et assez riche pour assumer les charges imposées par la loi aux propriétaires de nos vieilles terres françaises.

Les irrigations offrent en Algérie un intérêt considérable. Partout où la terre peut être arrosée, la récolte de chaque année est assurée et les cultures les plus variées sont praticables ; on comprend, dès lors, combien l'eau est précieuse, et l'on s'explique les efforts qu'on a fait pour aménager et étendre les arrosages.

Le procédé d'irrigation le plus simple et le moins coûteux consiste à dériver, jusqu'au lieu d'emploi, l'eau prise dans le lit de la rivière voisine ou aux sources qui affleurent dans les environs. C'est à ce procédé qu'on a eu recours tout d'abord, quand cela était possible.

Les principales dérivations déjà exécutées et fonctionnant actuellement sont les suivantes :

Dans le département d'Alger :

Celles de l'Harrach (rive droite et rive gauche);

— de la Chiffa — —

Celles de l'oued El-Kebir;
— de Bou Chemla;
— de l'oued Djemâa;
— de l'oued El-Hachem;
— des oueds Anasseur et Boutan;
— de l'oued Sly.
Dans le département d'Oran :
Celles d'Aïssa Mano;
— de l'oued El-Hammam;
— d'Aïn-Fekan;
— de l'Hillil.
Dans le département de Constantine :
Celles du Bou-Merzoug;
— du Rummel.

Il faut ajouter à cette liste la dérivation du Chéliff, près d'Orléansville, que l'on construit en ce moment, et qui mérite une mention particulière.

Le Chéliff, qui est la principale rivière d'Algérie, débite à l'étiage de 1,500 à 2,000 litres par seconde dans les gorges situées entre Pontéba et le confluent de l'oued Fodda. Un barrage de 12 mètres de hauteur, établi dans les gorges, forme la tête d'un canal à grande section qui conduit l'eau sur la rive gauche jusqu'à la plaine de Pontéba. Ce canal se partagera en ce point en deux branches destinées à porter l'eau sur les deux rives.

Il y a 9,500 hectares irrigables dans la plaine au moyen de ces deux branches.

Le barrage et le tronc commun des canaux jusqu'à Pontéba sont déjà exécutés.

Toutes les dérivations dont j'ai parlé plus haut n'ont malheureusement pas l'importance de celle du Chéliff; aussi, bien qu'assez nombreuses, elles sont loin de donner satisfaction aux besoins. Elles livrent aux colons l'eau qu'on trouve dans les oueds ou aux sources les plus abondantes; mais les sources sont rares, et les rivières, qui reçoivent et débitent en pure perte tant d'eau en hiver sont, pour la plupart, à peu près à sec à la fin de la saison des pluies, c'est-à-dire au commencement de la saison des arrosages.

Il fallait chercher à suppléer à cette insuffisance.

En Espagne, les Maures, en barrant les vallées, avaient créé autrefois de grands réservoirs où ils emmagasinaient l'eau d'hiver, pour l'utiliser plus tard à des irrigations, à l'époque propice. On savait que les Espagnols avaient continué et perfectionné ces errements, et il était à présumer qu'il serait avantageux pour nous d'entrer dans la même voie.

Dès 1851, un officier du Génie projeta un barrage en terre dans la gorge de l'Oued Meurad, au sud de Marengo; et ce barrage qui a été construit les années suivantes, puis consolidé par un revêtement maçonné couvrant sa face d'amont, permet de garder en réserve l'eau utile à Marengo et à son territoire pendant les mois de sécheresse.

Cette première tentative, bien que couronnée de succès, laissait des doutes sérieux dans l'esprit sur la convenance des dispositions qui avaient été adoptées dans les travaux. On prit donc le sage parti de profiter, pour s'éclairer, des expériences déjà faites chez nos voisins; et un ingénieur des Ponts-et-Chaussées, M. Maurice Aymard, fut chargé en 1862 d'aller étudier le mode de construction et d'usage des réservoirs espagnols. Il rendit compte de sa mission dans un ouvrage publié en 1864.

D'après les indications qu'on y a puisées, plusieurs barrages-réservoirs importants ont été exécutés depuis lors en Algérie, notamment ceux de l'Habra, du Sig, du Tlélat et de la Djidiouia dans le département d'Oran. Dans le département d'Alger, celui du Hamiz est en cours d'exécution.

On ne peut se dissimuler que la création des barrages serait fort dangeureuse si l'on ne prenait pas pour fermer les gorges transformées en réservoirs, les précautions les plus minutieuses en vue d'assurer la stabilité des digues. Ces précautions se traduisent par des dépenses considérables, et dès lors l'eau ainsi obtenue est chère.

Il faut convenir en outre que personne n'a jusqu'ici trouvé un moyen efficace de combattre l'envasement des cuvettes, et tant qu'on ne pourra pas effectuer économiquement des curages périodiques sur toute l'étendue des retenues, ou prévenir le dépôt des vases dont les eaux d'hiver sont chargées, on doit craindre de voir s'accroître encore le prix de revient de l'eau livrée aux cultures, prix déjà très-élevé quand on ne tient compte que des frais de premier établissement.

Quoi qu'il en soit, le besoin d'eau est si impérieux dans la Colonie, surtout dans les départements d'Alger et d'Oran, que malgré ces considérations, les barrages construits, ou en cours de construction, ont leur raison d'être, et sont appelés à rendre d'éminents services. On en jugera par les renseignemeuts que nous allons donner sur l'un d'eux, celui du Hamiz.

Le barrage du Hamiz, en maçonnerie hydraulique, aura 35^m de hauteur. Le volume de l'eau retenue sera de 14,000,000 de mètres cubes. Les canaux distributeurs de rive gauche et de rive droite seront établis sur les premiers plans des montagnes bordant la plaine de la Mitidja : Entre ces canaux à l'Est, l'Harrach à l'Ouest, la mer au Nord et l'oued Djemmâa au Sud, se trouvent plus de 30,000 hectares qui deviennent irrigables, et dont un neuvième environ pourra être arrosé avec l'eau de la réserve.

L'arrosage assuré sur une superficie de 3,300 hectares au moins, aux portes d'Alger, dans une plaine dont le sol fécond se prête aux cultures les plus rémunératrices, est une source de richesses qu'on ne pouvait pas négliger. La dépense doit, il est vrai, monter à 3,000,000 de francs pour le barrage et pour les canaux principaux, et elle incombera en grande partie à l'Etat; mais il n'est pas douteux que le sacrifice à faire est de ceux qui s'imposent au nom de l'intérêt général, et qui, en dernière analyse, ne sont pas onéreux, si l'on tient compte des rentrées qu'ils procurent sous toutes formes au Trésor public.

En résumé, en multipliant autant que possible les dérivations et en recourant, mais avec prudence et dans les cas seulement où cela est reconnu opportun, à la création toujours coûteuse de vastes réservoirs pour suppléer à l'insuffisance du débit d'étiage des cours d'eau, l'administration a fait jusqu'ici, dans une large mesure, ce qu'on avait le droit d'attendre d'elle, en ce qui concerne les irrigations, pour répondre aux aspirations et pour favoriser le développement de la colonie.

RÉCAPITULATION

Groupons ici les résultats déjà obtenus, dont nous venons de rendre compte. Nous avons signalé :

Les débarcadères installés sur la côte partout où ils étaient utiles;

Huit ports construits ou en construction, sans parler de celui de Beni-Saf, que crée, à l'ouest d'Oran, une compagnie industrielle;

Quarante-trois phares allumés de Rashgoun à La Calle;

Un réseau de 7,267 kilomètres de routes et chemins de grande communication livrés à la circulation;

Des chemins de fer exploités ou en cours d'exécution sur un développement de 1,334 kilomètres;

Plus de cinq millions et demi de dépenses consacrées à l'assainissement des parties marécageuses du territoire;

Les arrosages pratiqués déjà, ou en voie d'organisation, sur une superficie de plus de 50,000 hectares.

Voilà le relevé sommaire des *Travaux maritimes*, des travaux de *grande voirie*, et des travaux de *Desséchements* et d'*Irrigations* d'Algérie.

Ajoutons que les villes indigènes dans lesquelles nous nous sommes établis sont aujourd'hui complétement transformées. Des logements confortables, bordant des rues bien aérées, ont remplacé les masures insalubres où s'entassaient autrefois les populations musulmane et israélite. Des édifices publics importants ornent déjà nos places. Les gigantesques aqueducs antiques eux-mêmes vont avoir leurs analogues dans ceux dont Alger et Oran seront prochainement dotées.

Nous avons, en outre, fondé des villes nouvelles : l'une d'elles, Fort-National, est située au centre de la Kabylie, c'est-à-dire au cœur d'un pays que personne n'avait conquis avant nous; certaines autres, comme·Philippeville, Boufarik et Sidi-bel-Abbès, sont déjà particulièrement florissantes.

Enfin, nous avons semé sur le territoire 504 villages, peuplés de colons européens.

Telle est la situation actuelle, et chaque jour est marqué par un pas fait en avant.

E. NEVEU-DEROTRIE.

Alger. — Imprimerie J. LAVAGNE, 4, rue Clauzel.

DIRECTION GÉNÉRALE
DES
Affaires civiles
ET FINANCIÈRES

COLONISATION

RENSEIGNEMENTS GÉNÉRAUX
ET
Statistiques

AVIS

Les Agriculteurs ou les Industriels désirant s'établir en Algérie trouveront les renseignements qui pourront les intéresser

AUX

BUREAUX

DES

RENSEIGNEMENTS GÉNÉRAUX

SITUÉS

EN ALGÉRIE

A Alger (Hôtel des Postes, à l'entresol, boulevard de la République);
A Oran (Bureaux de la Préfecture);
A Bône et à Philippeville (Bureaux de la Sous-Préfecture);

A PARIS

Au Ministère de l'Intérieur (99, rue de Grenelle St-Germain).

Immigration. — Colonisation. — Agriculture. — Industrie

COMMERCE TRANSPORTS, CHEMINS DE FER

EXPLOITATION DES MINES, CARRIÈRES, FORÊTS, ALFA

Lois et Règlements spéciaux à l'Algérie, etc.

NOTA. — On répond par écrit à toute demande de renseignements adressée *franco*, sous forme de note, à M. le Chef du Bureau des Renseignements, et contenant le montant de l'affranchissement de la réponse. — On adresse également tous les documents officiels imprimés : *programmes de colonisation; modèles de soumission ; notices sur les forêts et les mines, etc., etc.*

Alger. — Imp. LAVAGNE, rue Clauzel, 4.